MANIFIESTO

La burguesía ha despojado
de su aureola a todas las actividades
que hasta entonces se tenían
por venerables y dignas
de piadoso respeto. Al médico,
al jurisconsulto, al sacerdote,
al poeta, al sabio, al científico,
los ha convertido
en sus trabajadores asalariados.

Un ramo de flores

Colección Lengua de agua · 9

Un ramo de flores

PABLO LÓPIZ CANTÓ

Prólogo de Gabriel Albiac

eolas
ediciones

Ars Poetica

En una fulgurante metáfora, interroga Pablo Lópiz
Cantó al canon de su *Ars Poetica*: «¿En qué se diferen-
cia el poema / de una lista de la compra?». No es boutade,
ni fuego vano de ingenio. Tras esos dos versos axiales de
este *Un ramo de flores* —título que el lector habrá descu-
brir trágico, bajo su mentida apariencia de bucolismo—,
son treinta años de cincelar escritura los que están traba-
jando. Con la larga paciencia del geómetra que talla el dia-
mante del infinito, dice Borges, sin permitirse engañarse
ante lo vano de su tarea: el infinito no tolera tallas. Con
la larga paciencia del astrónomo —pero también aquí, el
lector habrá de descubrir la emboscada que hace del astró-
nomo un presidiario y del presidiario un revolucionario ya
sin esperanza— que concluye su teología astral confesán-
dose, tal vez con desgana, tal vez sólo con cansancio, cómo
«la eternidad juega imperturbablemente en el infinito las
mismas representaciones».

Y sólo en el multiplicar de las esquirlas de ese espejo
quebrado que son los materiales del infinito del tallador de
lentes y de lo eterno en las esferas astrales del presidiario,

nos será dado percibir su entidad como entre sueños. Y darle nombre. Aunque fuere errado:

En el espacio infinito hay mil mundos
girando. Un viejo revolucionario descifra
ahora en su celda la eternidad por los astros.

A una tal maestría, encadenada a la ruda servidumbre de ese arte de guerra al cual llamamos —porque, antes, así lo llamaron los griegos— *syntaxis*, hemos convenido en llamar poesía. A eso Novalis habría de atribuir una virtud prodigiosa, que tal vez le infundía pánico por su desmesura: la de ser «en verdad lo real absoluto». Y, como tal, «el núcleo de toda filosofía: cuanto más poético, más verdadero».

Hace ahora siete años, Lópiz Cantó rendía su microscópico homenaje al *Deus sive Natura* de Baruch de Spinoza:

El tigre espera oculto en las sombras.
Sus ojos son dos soles oscuros. Miran
la eternidad en ese instante detenido.
Dios salvaje, sus ojos devoran el mundo.

La desolada matemática de Spinoza y Borges asoma ahora, en *Un ramo de flores*, al último girar sobre sí misma de la figuración poética. Hasta poner su pie en el territorio, tan salvaje, tan difícil de habitar —inhabitable, sospechamos—, que es aquel circular universo de los tropos, en el que —Novalis, de nuevo— «todo símbolo puede a la vez ser simbolizado por aquello que simboliza». Y en esa espiral sin vórtice, acechar el infinito. Adivinar los oscuros rumores que, en el hablar común, quedaron en muerto cascajo de una lengua sierva, la lengua convenida, esa que nada dice, esa que sólo ejerce el eco de lo que está mandado. En esos tenues murmullos ha de extraer el poeta la fuerza corrosiva de los fármacos extremos que desasosegaban a Pierre Bayle. Los que no dan ya tregua a quien alguna vez hizo uso de ellos. Son los translúcidos acentos de elegía, diluidos en los cuales se forja el tejido funesto de nuestros sueños. El poeta es el último druida, que sabe que, si abre la boca, es ya sólo para enterrar a los de su tribu.

Porque hay tribu. Aunque apenas podamos percibir de ella un roce de fantasmas. O una caricia. Y, en esa tribu se hermanan nombres, lenguas y tiempos muy diversos. Homero con Blanqui, Spinoza con Góngora, Kant con Lévi-Strauss, Celan con José Luis Rodríguez... Presentes eludidos: como debe siempre ser eludida una presencia que lo inunda todo.

En los sueños desplegará el poeta su partida de ajedrez contra sí mismo. Porque el poeta sabe —si no, perdería su tiempo en otra cosa— que él sólo puede fingir ser lo que no es. Y jamás ser lo que su juego está siendo. A esa linde en la que muerte y vida se trastruecan, el tiempo, se exige que ponga voz la poesía. Que es lo insoluble en la lengua de los hombres, nos enseñó Epicuro. Y a lo cual los maestros griegos dieron su nombre de enigma irresuelto: tragedia. Porque «también Homero escribía sobre el agua». Escribir sobre el agua, enseñaba Platón, es pleonasmo.

Y, en ese punto en el cual «vivir es muerte» —lo cual proclama el más viejo de aquellos que usaron en griego la palabra «filósofo»— y escribir es pantalla con la que encubrir silencio —«juego de niños» en el cual encerraba Platón el envite de la filosofía—, el *Ars Poetica* ha necesariamente de trocarse en deber moral: aquella artesana variedad de imperativo categórico que, liberado de su grisura kantiana, exigiera Novalis: «la naturaleza debe ahora trocarse en un arte y el arte en una segunda naturaleza». Y cada instante es todos los instantes en ese juego. Porque no hay tiempo en lo eterno. Ni lo hay en poesía.

Pregunta: «¿En qué se diferencia el poema / de una lista de la compra?».

Respuesta: «Escribir es repetir la experiencia del fracaso».

Escribir es ver escaparse el tiempo. Nuestro tiempo. Y saber que nunca fue nuestro. Pablo Lópiz Cantó: «Fue otros, dejó de serlo».

GABRIEL ALBIAC

a mis padres,
por las parábolas.

Le communisme réalisé sera l'œuvre d'art transformée
en réalité de la vie quotidienne.

GUY DEBORD

Vine a dar al cabo en una áspera melancolía y triste-
za, viendo la gran profundidad de este mundo, a más
del sol y las estrellas, así como las nubes, la lluvia y la
nieve, y contemplando en mi espíritu la gran creación
del mundo. Y en todas las cosas encontré mal y bien,
amor e ira: en las criaturas irracionales como la made-
ra, las piedras, la tierra y los elementos igual que en los
hombres y los animales. Consideré entonces esa peque-
ña chispilla que es el hombre, lo que será ante Dios en
comparación con esa gran fábrica que son cielo y tierra.
Y como me encontré con que en todas las cosas había
mal y bien, en los elementos, así como en las criaturas;
que en el mundo al impío le iba tan bien como al pia-
doso y que los pueblos bárbaros poseían mejores tierras
y les asistía la bonanza más que a los piadosos, púseme
con eso melancólico en extremo y muy confuso y no
podía consolarme con ninguna Escritura.

JACOB BÖHME, *Aurora*

Sin exageración retórica, recopilando simplemente con
exactitud las desgracias que han sufrido las creaciones
nacionales y políticas y las virtudes privadas más ex-

celsas o, por lo menos, la inocencia, podríamos pintar el cuadro más pavoroso y exaltar el sentimiento hasta el duelo más profundo e inconsolable, que ningún resultado compensador sería capaz de contrapesar (…) Por otra parte, el interés de aquella reflexión sentimental no consiste propiamente tampoco en cernerse sobre aquellas visiones y los sentimientos correspondientes, y en resolver de hecho los enigmas de la providencia que aquellas consideraciones nos han propuesto, sino más bien en complacerse melancólicamente sobre las vanas e infecundas sublimidades de aquel resultado negativo.

G-W. F. Hegel,
Lecciones sobre historia de la filosofía universal

Es inevitablemente melancólica esta apuesta, ya que los dados siempre caen fuera de tiempo, siempre demasiado tarde, siempre demasiado pronto, cuando lo necesario y lo posible ya no concuerdan o aún no lo hacen. Ruedan, sin embargo, con la clara conciencia de la escasa probabilidad de éxito, aceptando el riesgo de un mal resultado o de un empate desastroso.

Daniel Bensaïd, *La apuesta melancólica*

Nada eres ahora, una sombra
que soñó —ya no lo hace— una vida diferente,
destacar entre los hombres escasos
que pugnan por la justicia, abrigo negro
hasta la rodilla y mirada melancólica,
como Blanqui o Nestor Mahkno en sus horas postreras
—los imagino caligrafiando con irónica sonrisa las pala-
bras derrota o democracia—,

amar a la esposa hermosísima con lealtad inigualable,
sus pechos olas del Mediterráneo en isla griega,
su vulva confundida con tu boca, su inteligencia
sin adjetivos, la mirada cómplice y amistosa
—a ella la supongo compasiva con las debilidades huma-
nas, también con las tuyas, notorias, y firme frente a
sus adversarios, como Lucy Parsons o Hiparquia—,

escribir un tratado correcto sobre Averroes
que alcanzara el digno honor de permanecer
escondido en el anaquel equivocado de la gran biblioteca
—leo en ese volumen imaginario sobre el saqueo de Medi-
na Azahara, cómo desaguaron su lago de mercurio,
espejo del califa, y robaron el aroma de los jazmines,
y que el comentario a la *Física* terminó de redactarse

en marzo, en Sevilla, cuando los naranjos dejan na-
cer ya sus flores—,

apurar la copa de licor amargo entre el humo denso
de una taberna de la que toda ilusión quedó desterrada
y donde el desaliento se muestra con merecido orgullo
—he oído que la Liga de los desvelados se reúne allí para
   recordar las aventuras de un pirata escritas por Con-
   rad, brindar por el fogoso amor de John Gwin y «la
   negra Peg» que en 1741 hiciera cenizas la ciudad de
   Nueva York y llorar juntos cantando *Volodya*—,

ser el profesor que en la tarde dicta sus lecciones
de problemas fundamentales de filosofía contemporánea
—y pienso que dirías que la filosofía no tiene problemas,
   que los problemas, si acaso, los tenemos nosotros,
   o incluso que nosotros somos el problema, que dis-
   ponemos todo con injustificada afectación, cuando
   ya Pascal, el más cínico de los modernos, estableció
   que burlarse de la filosofía es el verdadero filosofar,
   y que los que se presumen filósofos no merecen sino
   nuestro más airado desprecio—,

en esta hora punzante no blasfemar —profeta de la me-
lancolía.

Libro vigésimo tercero

Y la de Ulises, a quien por azar le tocaba ser la última de todas, que avanzaba para hacer su elección y, con la ambición abatida por el recuerdo de las fatigas pasadas, buscaba el modo de vida de un particular ajeno a los cargos públicos, dando vueltas mucho tiempo.

PLATÓN, *República*

Animales difíciles

La alegría, la complicidad y el deseo
—simientes del vínculo amoroso—
son animales relativamente frágiles,
los más difíciles y los más hermosos.
Se alimentan del azar. Un rayo de sol
en febrero, unos tomates en un cesto
a la hora del desayuno, el odio compartido
a la policía, el tacto suave de los cuerpos.

Arquitecturas melancólicas

Dicen que vivir es solo esto de ahora, la mirada
extraña que devuelven los espejos, los nombres
de enfermedades demasiado cotidianas.
Nada importante. Algunos placeres y penas.
Pero el alma se resiste a desprenderse
de las ilusiones en que malgastó su tiempo,
como si la belleza habitara en los errores.
Construimos con cuidado la añoranza.

Compromiso político

Preparar lentamente el desayuno
apreciando el olor del café al servirlo,
y, quizá, acompañarlo con zumo
de naranja, tostar el pan, ver
cómo el aceite se resbala sobre el plato,
cumplir, al fin, con las pequeñas tareas
que al amanecer la vida le ha asignado,
disfrutar de los placeres sencillos
y admirar la existencia cotidiana.
Agotado el tiempo de las grandes empresas,
queda una última batalla, la más grande
jamás soñada, esa en la que todos fracasan.

Equilibrio

No se le ocurre mejor forma de expresar
su compromiso con esta vida nueva que se abre
que modificar el estilo de la escritura, el tono
de la voz que habla en el poema,
la posición de sujeto a la que el texto le reenvía.
El truco está en permanecer conteniendo la respiración
igual que el hombre-bala durante el redoble de tambores
justo antes de alzar el vuelo.

Los placeres y los días

para Laura Macaya

Hubo cosas hermosas en la vida.
Placeres en sí mismos sin importancia.
Algunas conversaciones sobre política,
bañarse desnudos en un mar helado
una mañana soleada de abril, el café
templado en una terraza o querer juntos
destruir este mundo trastornado.

Mediodía

El sol está en su cénit. La claridad
se despliega sobre sus cuerpos sin sombra.
No son dos adolescentes jugando
al juego oscuro de los dioses y las bestias.
Saben que vivir es alargar el duelo
por la pérdida de un instante olvidado,
añorar la inmortalidad de animales y niños.

Recuento de daños

Agradecería un poco de tiempo
para poder hacer el recuento detallado
de las cosas que se han roto,
para estudiar con detenimiento
las líneas de fractura, los pedazos
que aún permanecen enteros,
ver hasta dónde alcanzan los daños.
A veces vivir es habitar lo irreparable.

Regrets

El poema ha de saber girarse y mirar
atrás hacia los escombros en busca de luz,
porque la vida también fue esos fragmentos
simples de mínima alegría. Le costó
encontrar leche para el café aquella mañana.
Volvió sonriente de la compra, feliz
por haber, como Ulises, hecho un largo viaje.

Tarea doméstica

Anota las tareas pendientes: recoger
la casa y la ropa, limpiar los cristales,
fregar los platos, ordenar los papeles
desperdigados sobre el escritorio.
¿En qué se diferencia el poema
de una lista de la compra? ¿No hacen
ambos lo esencial, intentar dar forma al agua
y contener el torrente que no cesa?

Volatería

para David Mayor

El de escritor es oficio de cetrero.
Sobre la mesa, debajo de la cama,
entre los libros en las estanterías
se han ido acumulando los cuadernos.
Se ha de estar debidamente provisto de palabras
bien entrenadas para cazar otras palabras al vuelo.
No es fácil anotar sólo lo que importa
de entre tanto que sucede.

Espectros del comunismo

Pero, ¿y si la más penosa de las fatigas fuera justamente que ellas no dejan tiempo para esas languideces, y si el dolor más verdadero consistiera en no poder gozar de los dolores falsos?

Jaques Rancière, *La noche de los proletarios*

Economía moral

Rey de la miseria, señor de nada, soberano
victorioso de todas las carencias, el poeta
finge sus riquezas, los jardines floridos
en eterna primavera y los árboles que tapizan
el camino con un manto de hojas muertas.
Finge ser poeta, pero nada le pertenece,
ni su nombre ni el dolor que siente,
aún menos el poema, que ya estaba ahí
y él solo descubre, agazapado, a la espera
de que cualquiera llegue y lo recoja
como el jornalero recoge la cosecha.

Legado

para Salva

Cuentan que los últimos barcos partieron
hace mucho, y que las bibliotecas
erigidas para consuelo de los miserables
serán pronto destruidas. Los vagabundos
recorren las calles sin destino.
Sólo los afortunados disfrutan el botín
inmerecido. Son los herederos
de una horda de ladrones, responsables
del saqueo de todas las generaciones pasadas.

Mélancolie de gauche

¿Qué hay más bello que una insurrección?
En otra parte la Comuna está triunfando,
los prusianos se retiran, Versalles ha caído.
Al fin los muertos están a salvo.
En el espacio infinito hay mil mundos
girando. Un viejo revolucionario descifra
ahora en su celda la eternidad por los astros.

Nadie

para Nemo

¿Quién aprenderá la lección más difícil,
a no ser vanguardia esclarecida ni cabalgar
el tigre desbocado, a permanecer
como sombra que obra en las sombras y no hacer
como aquel aqueo cuando desveló su nombre
al hijo monstruoso de la ninfa Toosa?

¿Quién soy yo?

para Ahmed

¿Quién soy yo para decir lo que digo?
Fruto de la casualidad, como si dios existiera
y fuese un niño que juega a los dados,
pude ser un palestino.
No el gran poeta que se pregunta
quién es él para decir lo que dice,
sino un joven nacido en un campo de refugiados
que celebra lejos de casa su cumpleaños.

Un poeta español

para Gabi

¿Cuántas muertes hay en una vida?
Fue otros, dejó de serlo, en esta nada
se ha convertido. ¿Qué fue de aquellos
que fue, pero olvida? Sombras leves,
pájaros que extienden sus alas negras
en una noche sin luna. Escribió versos
que nadie lee. Llegó antes a la meta
que nadie busca, pero todos alcanzan.

Working class hero

para Eva Andrés

Ella, que nunca creyó que vivir fuera arder
de hojas secas, crepitar luminoso entre tinieblas
para encontrar, como Aquiles, la inmortalidad
gloriosa en la acción mundana, sino levantarse
cada mañana para ir al trabajo y conseguir el jornal,
también observa ahora con estupor
cómo se estira su sombra conforme la tarde avanza.

Crítica de la Razón Poética

Como aquel iroqués, a quien nada en París gustaba tanto como los figones.

KANT, *Crítica del juicio*

ACAB

¿Cuál es, pues, el régimen de *materialidad repetible* que
caracteriza el enunciado?

Michel Foucault

En los cuadernos escolares
en las paredes en pegatinas
en la puerta del váter público
escribe el acrónimo.

Victor Serge recuerda
cómo la abreviatura MAV[1]
acompañaba la mayoría de las inscripciones
en los muros de las cárceles de Francia.

La libertad
hoy es sólo otra palabra de goma.
Las ciudades se han convertido en prisiones a cielo abierto.
El poema nace del odio a la policía.

---

1 M.A.V. significa *mort aux vaches*: «muerte a los maderos».

Carcelera

para Pedro Lópiz

De su padre heredó el nombre,
que es todo lo que heredan
los que no heredan nada,
y la toná con que escapar
al sonido seco y tedioso
del martinete en la fragua.

Colectividad

En las paredes cuelgan letreros:
«Organización de la antidisciplina»

HANS MAGNUS ENZENSBERGER

Fue breve su verano de la anarquía.
Ella defendía el naturismo
y la organización científica del trabajo;
él, las tabernas y la práctica
sindical de la irregularidad obrera.
También ellos fueron derrotados
por las contradicciones internas.

Un ramo de flores

para mi madre

La vida, como el poema,
es siempre un acto fallido,
un ramo de flores que choca con el tendido
eléctrico y se desvía unos metros,
y estalla entre el gentío.

La fábrica de la escritura

Todos, tanto los que gobiernan como los gober-
nados, son hombres que rehúyen el trabajo y pro-
penden al placer.

BARUCH SPINOZA

Interrupciones constantes, reducción
de los ritmos productivos,
orgullo anacrónico,
ebriedad y búsqueda del descanso.
En el taller de la escritura,
resistencia obrera.
Frente a la literatura
la poesía es rechazo del trabajo.

La Batalla de Urquinaona

Las futuras barricadas serán aéreas y eléctricas.

Nicolás Estévanez

Una hilera de contenedores en llamas
delimita el espacio. En la noche incandescente
los niños-lobo bailan excitados por el fuego.
Fundan la ciudad efímera.

Lo único que se necesita para escribir un poema
es una piedra y una mujer.
Fuera de campo, las luces del coche de policía que pasa,
arañazo azul de neón en la noche.

La barricada produce a su propio pueblo.
A veces la belleza se reduce a eso:
ser con otros y enfrentar el destino,
saberse Héctor, inútilmente defender Troya.

Estructuras elementales

Al llegar por primera vez a las Nuevas Hébridas,
los europeos fueron tomados por fantasmas.

CLAUDE LÉVI-STRAUSS

Sólo hay dos clases de personas,
las que al cruzarse con la policía
se sienten seguras y protegidas,
y quienes no pueden decidirse
entre el asco, el miedo o la rabia.
En cualquier caso, la policía
no pertenece a ninguna de ellas.

L'Atelier

Aquello que una vez, y siempre una vez y solo ahora y solo aquí ha sido percibido y perceptible. Y el poema sería entonces el lugar donde todos los tropos y metáforas quieren ser llevados *ad absurdum*.

PAUL CELAN, *El meridiano*

Telémaco ausente

Más de veinte años hace que llegara
a esta ciudad en medio del desierto. Ha soñado
con un hogar en esta misma casa en la que vive.
Junto al cuadro de Ripollés
en el dormitorio cuelga un grabado
con una cita de Miguel Hernández:
«Nuestros hijos nacerán con el puño cerrado...».
La vida es tan sencilla como parece.
Así, tan sencilla, la imaginó,
pero no hay niños que jueguen en la casa
y el grabado permanece embalado entre burbujas
en el fondo de su armario.

Pensamientos

Cavete ne quis vos decipiat per philosophiam.

SAN PABLO

I. Contra Montaigne

Pero acaso la felicidad resida en amar lo escaso
y lo fugaz, amigos y cuerpos bellos,
y no los libros que, como los dioses, son muchos
y duraderos. Prefiere lo constante:
en la mudanza está tu hogar,
pues lo que hay huye y es fantasma.
La vida que sientes es la muerte que te alcanza.

II. Contra Diógenes

Aprende la lección del terremoto de Enoanda:
no registrar lo que sucede, dejar
que pase sin dejar ninguna marca.
Nada permanece y lo que ves
ahora ha desaparecido ya.
¿Qué importa la cólera de Aquiles,
gloria fugaz y vana, frente a la eternidad?
Nada suma lo grande a lo infinito.
También Homero escribía sobre agua.

Objetos encontrados

Un viaje en solitario por los senderos del Norte,
los calculados versos de aquel libro
en que Lucrecio inventara la física,
la electricidad del cuerpo amado
mientras permanece dormido:
hay objetos que tienen valor en sí mismos,
cuyo destino se agota en ser
como el destello de mil luciérnagas
una noche de primavera bajo un cielo estrellado.
Tenía diecisiete años y estaba lejos de casa,
en una colina a las afueras de Sodus,
un pequeño pueblo cerca del lago Ontario.
El poema debiera ser de tal naturaleza,
pero no se pueden capturar esos fragmentos
de luz y belleza, partículas mínimas de gracia.
Escribir es repetir la experiencia del fracaso.

La pantera

Encierran a la pantera estos versos
que recuerdan los versos de Borges
que recuerdan los versos de Rilke.
El animal despliega tras los barrotes
su danza circular en un *Jardin des Plantes*
que sólo por la escritura ha existido.
Cansada de dar vueltas en el poema,
la pantera mira fijamente al Afuera
y contempla por un instante
al escritor disolverse en lo indistinto.

Hermenéutica imposible

¿Qué dice la escritura de las gaviotas?
¿Cómo traducir su singular alfabeto?
No sabe qué Dios malvado le inclinó
hacia el noble arte de perder el tiempo
en el que todos los animales salvo el hombre
son expertos. Tras sus ejercicios matinales
trata de interpretar los garabatos en el aire.
Ignora qué significan, pero sospecha
una verdad que se enuncia en el vuelo.

Fugit irreparabile tempus

para Naomi

Quien la ve pasar sabe que es tarde
para soñar siquiera la piel blanquísima
de la muchacha deslizándose entre sus dedos.
Los jóvenes son los otros, se dice,
alteridad intratable que se desconoce a sí misma.
La ve pasar, con la cabeza coronada por el fuego,
el pelo pelirrojo cayendo en cascada.
En ese instante es eterna,
semejante a las rosas de Rilke,
como la espada atrapada en la piedra.

Escenas de verano

I

Ese día es la noche del mundo transformada en mero día técnico. Ese día es el día más corto. Con él nos amenaza un único invierno infinito.

MARTIN HEIDEGGER, *Caminos de bosque*

Está prohibido jugar a las palas en la playa
y pasear al perro por el paseo marítimo.
El gran engranaje funciona por pequeños grupos
mecánicos de hasta quince autómatas cada uno.
Las olas golpean la arena con pulso rítmico.
Los grupos mecánicos se reparten
de manera desigual sobre la superficie arenosa,
concentrándose especialmente en la orilla.
Los autómatas entran y salen del mar
en aparente desorden, pero por ciclos.
La megafonía recita intermitentemente
su letanía sobre los niños perdidos.

II

Es la lección inmediata de los claros del bosque: no hay
que ir a buscarlos, ni tampoco a buscar nada de ellos.

MARÍA ZAMBRANO, *Claros del bosque*

Un bañista bracea contra las breves olas
hasta llegar a la boya y gira sobre sí mismo.
Desde tierra su cabeza parece un trozo de corcho
con dos botones cosidos imitando unos ojos.
El mar es un incendio azul bajo el sol blanco,
un resplandor de zafiro bajo un cielo salado.
La cabeza flotante mira hacia la multitud indistinta
que se agita sobre la arena. Ve su toalla extendida
en un minúsculo claro del bosque de parasoles,
charco de luz y silencio entre las multicolores sombrillas.
Una pelota de playa pasa rodando sobre su linde,
una gaviota se posa un instante y reemprende el vuelo.

La edad de los poetas

En cada época hay que esforzarse por arrancar de nuevo
la tradición al conformismo que pretende avasallarla.
El Mesías no viene sólo como redentor; también viene
como vencedor del Anticristo.

WALTER BENJAMIN, *Sobre el concepto de historia*

Jonathan Noel

Sobre el escritorio reposan desordenados los libros:
el cuadernito naranja con los estudios de Marx
sobre las formaciones económicas precapitalistas, aquellos
dos volúmenes en los que José Luis imaginase
a Hölderlin exiliado, una biografía de Néstor Makhno,
la conferencia sobre animales que impartiese Derrida.
Amanece y sobre el alféizar se ha posado una paloma.
Es una esfinge que carga con su mortal enigma.
En el cristal de la mañana escribe un tratado indescifrable.

Insha'Allah

Palestinian National Liberation Movement must be
prepared to fill the void after the collapse

ILLAN PAPÉ

Vivimos en el oscuro y peligroso tiempo de la victoria
palestina, del fin del proyecto sionista
que creyó poder levantar sobre las ruinas del colonialismo
inglés
una Nueva Jerusalén con las herramientas del amo.
La guerra civil previa al 7 de octubre,
el apoyo internacional sin precedentes a las luchas
antiapartheid,
la sombra de la crisis económica que se cierne sobre
Israel,
la incapacidad de las fuerzas de ocupación para proteger a
los colonos
y la pérdida de legitimidad entre las nuevas generaciones
judías
lo indican con claridad. Los signos están dados.
De debajo de los escombros que en Gaza ha dejado el
misil
extraen a un niño semiinconsciente que antes de
despertar
levanta sus deditos en señal de triunfo.

El Paráclito está entre nosotros. ¿Acaso no lo veis?
El tiempo de la ocultación toca a su fin,
pero el Mahdi prometido sólo llega para quien está
   preparado.
Caminamos por el valle de los huesos secos. Hay que
acelerar el paso.

Incidencias

I

Va lentamente
a través de la noche
detrás del amor.
La misma necesidad
mueve a los planetas.

II

Al despedirse
de camino a casa
un primer beso.
Fuegos artificiales
iluminan el cielo.

III

Mientras se besan
calcula la distancia
a la tormenta.
¿Por qué cuenta el tiempo
del relámpago al trueno?

Fantasmas del futuro

En efecto, si lo que no es es, y lo que es es, lo que no es
será igual a lo que es por lo que respecta al ser.

GORGIAS

¿Qué fue del viejo pirata que deseó ser
quien ahora se jubila como estadista? ¿Dónde
acabaron los futuros añorados en el pasado?
¿Cómo seguir este mapa de travesías inexploradas?
¿Qué ocurrió a los hijos que no tuve y que juegan
hermosos e intratables con su no ser definitivo?
Animales fantásticos, espectros de un tiempo
extraviado, permanecen inquietos, aquí,
como restos arqueológicos de mundos extraños
en el presente eterno del porvenir irrealizado.

El poeta y la muchacha

En la mañana lluviosa de octubre
una hermosa muchacha lee a un poeta andalusí
que describe con precisión las constelaciones
y llora al amor y a la muerte y clama contra El-Sadday.
El poeta ha dibujado una lágrima junto a los versos
que recuerdan cómo el pobre Jacob trabajó catorce años
por amor y luchó contra el Ángel y venció
—ya no será tu nombre Jacob, sino Israel—
y vio morir a su esposa en el camino de Efrata.
La muchacha imagina su propio rostro
allí donde el poeta imagina al fantasma de la esposa
imaginando ser lluvia y a los niños dando volteretas.
En el futuro veré muchas ciudades que ya veo hoy,
dice el espectro de la esposa del pobre Jacob
con la misma voz que un profeta[2]. La muchacha
entiende entonces que es ella misma quien habla
en el poema y que la escritura es un reflejo del alma
inmortal, intelecto posible, común a todos.

---

2 Lo que dice e imagina el espectro ha sido extraído de un texto de Raquel Pulido.

El tiempo de las zarzamoras

Vuelve el tiempo de las zarzamoras,
cuando el ruiseñor ya se oculta
y los mirlos vuelan hacia latitudes más cálidas.
En los ojos de las muchachas
brilla la nostalgia por los días de cerezas
ahora que el verano declina
y septiembre acerca al alma su mano.
En el corazón de los amantes
late un reflejo de luna, porque los racimos
de perlas negras se estiran sobre sus tallos
para anunciar una última pena de amor
—también es breve el tiempo de las moras—
justo antes de la vuelta al trabajo.

Variación

para José Luis Rodríguez García,
in memoriam

Alguien espera a las puertas de la ciudad
y alguien mira al horizonte desde la torre más alta
y alguien se ejercita en caligrafías extrañas, lee
viejos libros donde aprender la lengua desconocida
que se habrá de hablar mañana,
estudia la poesía de *Los Escitas*, la leyenda
de las incendiarias, los mapas del cimarronazgo,
a los nómadas que, dicen, vienen a saquear las casas
de los ricos y a quemar los títulos de deuda.
No hay más bárbaros que los que aguardan.

Siguiendo el ejemplo de Montaigne en sus *Ensayos*, he tratado de imitar a aquel pintor que «elige el lugar más bello y más centrado de cada pared para situar en él un cuadro elaborado con toda su habilidad, y el vacío a su alrededor lo llena de grotescos». Se ha preferido, así, el dibujo al relato y, si bien por falta de habilidad no habré logrado emular a un pincel mínimamente adiestrado, en el centro del libro hay una preocupación que concierne a la ética: ¿debe ofrendarse la belleza —la mucha o poca de la que se sea capaz— a todo el mundo por igual? ¿También a los malvados? No es lugar este para la reflexión filosófica. He ofrecido, sin embargo, una respuesta a través de la acción poética, optando por no dirigirme a todos de idéntico modo. Tal es la declinación panfletaria de este libro, que espero desagrade a más de uno, tanto más cuánta más belleza se haya alcanzado. El título del librito remite al famoso ramo de flores en el que Mateo Morral ocultó la bomba Orsini con que atentó contra Alfonso XIII y Victoria Eugenia durante la comitiva de su boda real el 31 de mayo de 1906. Ese día mis bisabuelos, Pablo Cantó y Manuela Iniesta, estaban en el número 88 de la calle Mayor de Madrid, en un piso contiguo a la pensión desde cuyo balcón se lanzó el artefacto. Considérese, por tanto, el intento de magnicidio como parte de una historia familiar e íntima.

ÍNDICE

COLECCIÓN LENGUA DE AGUA · 9

1ª edición: mayo de 2025

Dirección editorial: Héctor Escobar
Coordinador de la colección: Víktor Gómez
Consejo editorial: Jordi Doce, Javier Gil, Laura Giordani,
Yaiza Martínez, Olga Muñoz, Benito del Pliego
Ilustración y diseño de cubierta: Nathalie Bellón Hallu
Maquetación: Alberto R. Torices

ISBN: 979-13-87753-15-3
Depósito Legal: LE 202-2025

Impreso en España

CONTRIBUCIÓN

Un tomo de Propercio
y ocho onzas de rapé
pueden aspirar al mismo valor
de cambio a pesar de la dignidad
de los valores de uso
del tabaco y la elegía.